Unidad 2

El misterio de los animales

I0806015

Contenido

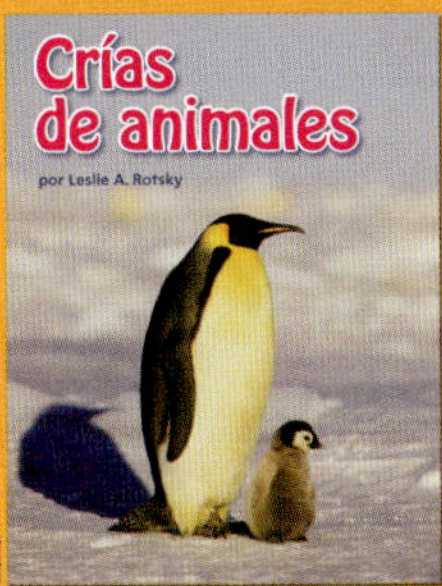
Crías
de animales
por Leslie A. Rotsky

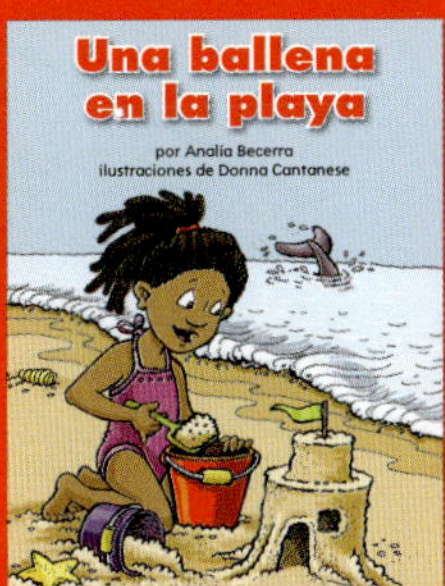
Una ballena
en la playa
por Analía Becerra
ilustraciones de Donna Cantanese

Coquito recorre la selva

por Leslie A. Rotsky
ilustrado por Parker Fulton

Cuando la lluvia cae contra los troncos y las hojas, los animales de la selva cantan con alegría. El sapo Coquito mira hacia lo alto con atención. Le parece que la lluvia trae suerte. ¡Qué contento que está!

Después de la lluvia, Coquito quiere jugar con sus amigos y va a buscar al murciélago Quico. A Quico le encanta que lo visiten. Pero hoy está un poco cansado.

—Ahora tengo algo de sueño —dice Quico—. Cuando oscurezca, correremos una carrera.

Coquito busca a la mona Carmen.

—¡Qué alegría que me da volver a verte, Coquito! —exclama Carmen—. ¿Me ayudas a quitarle la cáscara a esta banana? ¡Me cuesta mucho sacarla!

Luego, el loro Peco dice algo desde lo alto de un árbol. A Coquito le parece que Peco quiere hablar con él.

—¿Qué quieres, pequeño Peco?

—Miremos con atención los colores de la selva. ¡Son como mis plumas!

Y al recorrer la selva para comparar los colores, encontraron a Cata, la hormiga.

—Mientras mis compañeras cargan las hojas que comeremos, los invito a que visiten el hormiguero —dijo Cata.

—¡Claro que iré! —dijo Coquito—. Quiero volver a cantar con ustedes.

Más tarde, Coquito conversó con Carlitos, el oso perezoso.

—¡Qué gusto volver a verte, Coquito! —dijo Carlitos—. Siempre estoy aquí, esperando a que me visiten mis amigos. ¡Este rincón es mi casa!

Coquito convocó a todos sus amigos a una fiesta. Todos colaboran para vivir una vida mejor. Algunos cargan hojas pequeñas para ayudar a las hormigas, otros cantan para alegrar el encuentro.

Todos en la selva están contentos y se ayudan para sobrevivir.

La carrera de Romeo y Ricky

versión de Esteban Ruiz
(basada en una fábula de Esopo)
ilustrado por Steven Mach

Romeo era una liebre muy rápida. Siempre que corría una carrera, por dura que fuera, ganaba. Romeo estaba orgulloso. Nunca en su vida pensó que podría perder una carrera. Tampoco le importaba lo temible que fuera su contrincante.

Ricky era una tortuga rara. Tenía vocación de escritor. Un miércoles de marzo hizo un poema sobre los que luchan por superarse. Mientras se refresca en su bañera, Ricky siempre piensa en un plan para mejorar.

La rana Renata organizó una carrera. Ricky le hizo una propuesta a Romeo:

—¡Te reto a correr una carrera! —le dijo, mostrándole sus galardones.

—¡No te temo! Cosas más terribles he visto en mi vida —dijo Romeo.

Entonces, el escritor y el corredor se pusieron en la línea de salida.

—¿Pensaste en algún plan para ganarme? —dijo Ricky.

—No necesito ningún plan. Me alcanza con correr —respondió Romeo.

Mientras el oso les describía las reglas, Romeo sonreía. Si corría tan rápido como siempre, tenía la victoria asegurada. Ricky pensó en un nuevo plan: "Si le temo a la liebre, la carrera será más dura. Debo sentirme seguro en todos los momentos de la vida".

Cuando empezó la carrera, los dos sentían que ganarían, a menos que sucediera algo terrible. Todos los animales luchan por sobrevivir, así que es más sencillo luchar para vencer en una carrera. La liebre se perdió de vista, mientras que la tortuga recorría el sendero más despacio.

Romeo se confió y paró a descansar un buen rato. Ricky era lento, pero listo. Entonces, corriendo sin apuro pero sin demora, ganó la carrera.

Moraleja: Con constancia y con paciencia, obtendremos el éxito.

El medioambiente de los animales

por Leslie A. Rotsky

Juniors Bildarchiv/Alamy

Los animales viven en diversos medioambientes.

Los lobos construyen su cueva en lugares silvestres. También viven en campos que tienen muchas plantas. Les gusta la sombra y se despiertan temprano.

Los topos recorren la tierra y los sembrados. Allí construyen sus madrigueras. No se los ve muy limpios, pero se lavan una y otra vez. Duermen durante el día. Luego, pasan la noche entera jugando y buscando comida.

© Corbis

Design Pics Inc./Alamy

Las ardillas viven entre las ramas de los árboles y comen cualquier tipo de fruta seca. Empiezan a roer una fruta y, cuando terminan, toman impulso para correr a buscar la siguiente. También comen las hojas de las plantas.

Los pájaros construyen sus nidos en los árboles. Para formar un nido confortable, combinan hojas y ramas pequeñas, y allí empollan sus huevos. Durante las tempestades, buscan lugares seguros, como los campanarios. Algunos pájaros vuelan muy rápidamente y comen fruta.

Radius/SuperStock

Brooke Whatnall/National Geographic RF/Getty Images

Las arañas trabajan sin parar hasta poder formar una red entera. Esa red se llama telaraña. Y si se rompe, tienen energía para construir la siguiente. Si llueve demasiado, se refugian en un lugar seguro hasta que escampa.

El cangrejo camina de costado todo el tiempo. Hay algunos cangrejos a la orilla del mar. También están en la playa. Su medioambiente es el agua. Si un día te cruzas con un cangrejo, no te acerques demasiado. Tampoco lo toques. Puede moverse rápidamente y picarte.

Pete Atkinson/ Photographer's Choice RF/Getty Images

Acabas de conocer los medioambientes donde viven algunos animales. Conociste sus nidos, madrigueras y costumbres. Si tienes una mascota, prepara una canasta para que viva cómoda.

© Datacraft Co., Ltd./Corbis

¿Recuerdas dónde viven? ¿Quieres saber también dónde viven otros animales? Mira el siguiente cuadro:

Animal	Medioambiente
lobo, murciélago	cueva
topo, conejo	madriguera
ardilla	árbol
pájaro	nido
araña	telaraña
cangrejo, pez	agua
mascota	canasta

Crías de animales

por Leslie A. Rotsky

Fuse/Jupiterimages

Algunos animales ponen huevos y de ellos salen sus crías. Los perros, en cambio, se forman en la barriga de sus mamás. Una perra puede tener entre siete y ocho cachorros de una vez. Las perras saben de inmediato cómo jugar y cuidar a sus pequeños recién nacidos.

© Stan Fellerman/Corbis

© Corbis/Punchstock

Los animales no tienen pies, sino patas. Las patas de un potrillo son largas y delgadas. El hocico tiene tonos de rojo y con el tiempo tiende a ennegrecerse. Si sale a pasear y queda cansado y somnoliento, se echa a descansar un rato.

Peter Lillie

Si tienen calor, los pequeños elefantes se quedan a la sombra. También tienen la costumbre innata de juntar agua con la trompa. En el pequeño elefante de la fotografía, el agua sale de la trompa como si saliera de una manguera.

Los peces nacen a partir de huevos y viven metidos en el agua. No tienen ni pies ni patas, sino que nadan con sus aletas. Si es necesario, las mamás de los peces se ponen a sus crías en la boca para protegerlas. Hay muchos peces de color rojo en las aguas cálidas.

Maximilian Weinzierl/Alamy

Oxford Scientific/Photolibrary/Getty Images

Es innegable que los tigres saben ser respetados. De adultos son inmensos y temibles. Ahora que es cachorro, este tigre es todavía inmaduro y necesita a su mamá para alimentarse y jugar. En eso es tan conmovedor como los niños.

Una ballena en la playa

por Analía Becerra
ilustraciones de Donna Cantanese

Susana y su familia desayunaron temprano. Ese día iban a la playa. Susana ayudó a su madre. Prepararon una canastilla con comida. Papá guardó las llaves. Todos estaban contentos.

Susana miró por la ventana. Oyó el canto de la lluvia.

—¡Cuánto lo siento, está lloviendo! —dijo Susana.

—¡Espera un rato! Al llegar allá, seguro que no lloverá —respondió papá.

—Ayer leí que se veían ballenas en el mar —dijo papá—. Quizás veamos algún ejemplar. Suele ser bonito ver a una ballena mientras se despierta.

—¡Miren allí! —exclamó Susana—. Están ayudando a una ballena. Está encallada y mucha gente espera que la rescaten.

Susana llamó a su hermano, que estaba jugando distraído.

—¡Despierta, vamos a ayudar! —le dijo.

Era difícil rescatarla de modo seguro. Llegó más gente. En la orilla, se oía el canto de las gaviotas.

—No suele ser sencillo —dijo un señor—. Ella sola no podrá salir jamás.

Una niña lloraba por lo que estaba viendo.

Un rato después llegó un barco. La gente ayudó como jamás había ayudado antes. Todos contribuyeron.

La ballena se salvó y nadó mar adentro. Otras ballenas que estaban jugando la llamaron. Nadaron todas juntas hacia algún lugar lejano.

Unidad 2: El misterio de los animales

Semana 1: Coquito recorre la selva *página 1*

para leer con *Juguemos en la nieve* **NÚMERO DE PALABRAS: 268**

PALABRAS CON CA, CO, CU, K, QUE, QUI

aquí, busca, cae, colaboran, cuesta, encanta, oscurezca, pequeño, que, rincón

PALABRAS DE USO FRECUENTE

alegría, algo, alto, atención, cargan, le (pron.), parece, suerte, visiten, volver

Semana 2: La carrera de Romeo y Ricky *página 9*

para leer con *La cigarra y las hormigas* **NÚMERO DE PALABRAS: 269**

PALABRAS CON R, RR

apuro, bañera, carrera, demora, escritor, fuera, ganarían, moraleja, pero, rara

PALABRAS DE USO FRECUENTE

carrera, dura, escritor, hizo, luchan, pensó, plan, temo, terrible, vida

Semana 3: El medioambiente de los animales *página 17*

para leer con *Un perro de la pradera guardián* **NÚMERO DE PALABRAS: 290**

PALABRAS CON MB, MP

campanarios, campos, costumbres, medioambiente, rompe, sembrados, sombra, también, tempestades, tiempo

PALABRAS DE USO FRECUENTE

construyen, demasiado, día, entera, formar, fruta, hojas, plantas, rápidamente, siguiente

Semana 4: Crías de animales *página 25*

para leer con *Águilas y aguiluchos* **NÚMERO DE PALABRAS: 226**

PALABRAS CON NN, NM

inmediato, ennegrecerse, innata, innegable, inmensos, inmaduro, conmovedor

PALABRAS DE USO FRECUENTE

ahora, huevos, no, pies, ponen, rojo, saben, sale, si (conj.), una (nº)

Semana 5: Una ballena en la playa *página 31*

para leer con *Guanaco; La tortuguita* **NÚMERO DE PALABRAS: 199**

PALABRAS CON LL, Y

allá, ayer, ayudando, ballena, canastilla, desayunaron, llamó, lloverá, oyó, sencillo

PALABRAS DE USO FRECUENTE

algún, canto (sus.), despierta (v.), espera (v.), jamás, jugando, lo (pron.), rato, seguro (adj.), suele

PALABRAS DE USO FRECUENTE APRENDIDAS HASTA LA FECHA

Grado K

al
con
dice
dónde
el
ella
en
es
está
este (adj)
familia
grande
gusta
hace
hago
hay
juego (v.)
la
más
mira
muy
nuevo
para
pequeño
pero
por
puedo
qué
quién
sin
soy
también
tengo
tiene
un
vamos
veo
voy
y
yo

Grado I

abrir
aceptar
actividad
agua
ahí
aire
algunos
allá
ambos
amigo
años
aprender
aquí
aspecto
atrás
aunque
ayuda
baja
bien
blanco
bueno
camino
campo
cantar
carácter
casa
casi
cerca
ciudad
clase
color
comer
como
completo
correr
crear
cualquier
cuando
cuanto
cuatro
cuerpo
cumplir
decidieron
dentro
después
diez
diferente
difícil
doctor
dos
durante
edad
embargo
empezar
encima
encontrar
entonces
entre
escribe
escuchar
escuela
esfuerzo
estoy
estudio (sust.)
existen
explicar
flores
frente
grupo
gusto
hablar
habrá
hacia
hoy
iguales
importante
juguemos
juntos
larga
lector
libertad
libro
llamar
lograr
luego
luz
madre
maestro
manera
mañana
mejor
mientras
mover
muchos
muestro
nada
nadie
niño
nombre
nuestro
obra
obtener
ocho
ofrece
otro
padre
palabra
pan
parque
piensa
podrás
porque
pregunta
presentar
primero
principal
principio
problema
pronto
propio
proponer
próximo
pueblo
puede
pues
que (cj.)
quien
quiere
quiero
quizá
reunir
río
saltar
saluda
seguir
siempre
siglo
sobre
sube
suelo
tampoco
tan
tiempo
tierra
todavía
todo
trabajo
trae
través
tres
varios
vez
vieja
vivir
voz
ya

Grado 2

ahora
alegría,
algo
algún
alto
aman
andará
animales
apenas
artista
atención
azul
bella
busca
cabeza
canto (sus.)
cargan
carrera
coloca
comienzan
construyen
demasiado
despierta (v.)
día
disfrutar
distintos
dura
echa
entera
escritor
espera (v.)
felices
fiesta
formar
fresca
fría
fruta
gente
hermana
hizo
hojas
huevos
jamás
joven
jugando
le (pron.)
leen
llevan
lo (pron.)
luchan
mayor
médicos
menores
mesa
mezclar
mil
negros
ninguno
no
noches
oye
parece
parte
pasó
pensó
piel
pies
plan
plantas
platos
ponen
rápidamente
rato
responder
rojo
saben
sale
seguro (adj.)
si (conj.)
siete
siguiente
sirven
solito
suave
suele
suerte
tarde
temo
terrible
tipo
toca
trabajar
una (nº)
usar
ven (venir)
ventanas
verano
vida
visiten
volver

DESTREZAS DE DESCODIFICACIÓN ENSEÑADAS HASTA LA FECHA

Palabras con *m;* palabras con *p*; palabras con *t;* palabras con *l;* palabras con *s;* palabras con *d;* palabras con *n;* palabras con *v;* palabras con *b;* palabras con *f;* palabras con *rr;* palabras con *r* y sílabas cerradas con *r; palabras con h;* palabras con *ge, gi, j;* palabras con *ca, co, cu, k, que, qui;* palabras con *y, ñ;* palabras con *ch;* palabras con *ll, w;* palabras con *cl;* palabras con *cr;* palabras con *ga, go, gu, gue, gui;* palabras con *ce, ci, za, zo, zu;* diptongos *ai, au, ay, ei, eu, ey, oi, oy;* diptongos *ia, ie, io, iu, ua, ue, ui, uy;* palabras con *tr;* diéresis: *güe, güi;* palabras con *bl;* palabras con *br;* palabras con *pl;* palabras con *pr;* palabras con *i, x* como *j;* palabras con *mb, mp;* palabras con *nn, nm.*